Ndobleh 's Notizbuch

Ndobleh's sind süße und verspielte kleine Jungs, die es lieben zu lachen und andere zum Lachen zu bringen

Kurt Heppke

Bibliografische Information der Deutschen Nationalbibliothek:
Die Deutsche Nationalbibliothek verzeichnet diese Publikation in der Deutschen Nationalbibliografie; detaillierte bibliografische Daten sind im Internet über http://dnb.dnb.de abrufbar.

Herstellung und Verlag: BoD – Books on Demand, Norderstedt

ISBN: 978-3-7562-1102-9

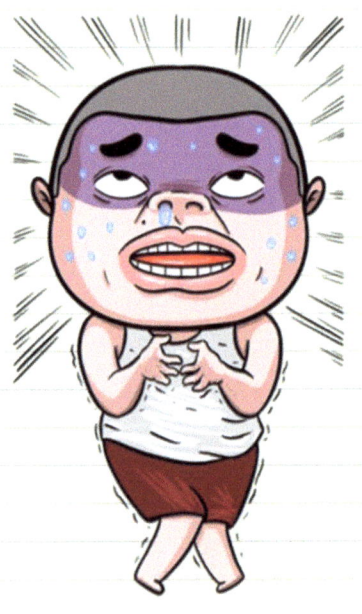

Mehr von mir können Sie hier finden:
https://www.kurtheppke.com/